팔만대장경

누구나 다 알지만
잘 안읽은 이야기

1

누구나 다 알지만
잘 안읽은 이야기

팔만대장경

말씀한 이: 부처님
엮은이: 신현득
그림그린이: 송교성

솔바람

차례

책머리에
팔만대장경은 이야기의 산이지요 6

1 해와 달이 보고 있어

세월이 키 크는 약 _12

코 갈아 붙이기 _15

왕의 진짜 어머니 판결 _17

왕의 재판 _18

해와 달이 보고 있어 _21

제일 큰 눈병은 장님 _23

부도덕한 공작왕 _24

약은 자의 핑계 _27

젖소 배 안에 젖을 모아둔다 _29

보릿짚이 막대보다 더 튼튼해 _30

2 없는 것은 없는 것

상관의 입을 밟다 _34

군마와 당나귀 _36

없는 것은 없는 것 _38

양치기의 결혼 _40

말을 바꾸어 부른다 _42

냄새만 맡아도 _44

야만국에서는 야만인이 되어야 _46

원숭이가 본 인간세상 _48

건강은 마음에서 _50

되돌아온 꿀밤 _53

3 원인만 따지다 보니

머리 없는 것도 칭찬이 돼 _56

공작의 실수 _58

어리석은 꾀보 _60

대머리 아저씨 _62

가짜 도사의 억지 판결 _64

사람 원앙이 _66

엄마 말을 잊었다가 _68

멍청이 도둑 _70

원인만 따지다 보니 _72

어리석은 사제관 _74

책머리에

팔만대장경은 이야기의 산이지요

국보 32호 팔만대장경은, 나라의 보물입니다. 유네스코에서 세계 기록 유산으로 지정한 세계의 보물이기도 합니다.

해인사 대장경은 고려 고종 임금 때 몽고가 침입하자, 부처님 힘을 빌어 나라를 지키기 위해서 1237년부터 16년 동안에 이룩한 것입니다. 호국정신에서 이룬 국가사업이었습니다.

그것은 우리 조상님들이 부처님 말씀 모두를 한 자씩 나무에 새겨서 만든, 8만 1천 258매의 경판입니다.

우리 조상님들은 이 한 자, 한 자를 새기면서 외적이 물러나서 나라에 평화가 오기를, 국민 모두 잘 살게 되기를, 후손이 잘되기를 빌었다 합니다. 팔만대장경은 우리 조상님들이 쌓은 정성더미입니다.

여기에 새겨진 부처님의 가르침은 아주 알기 쉬운 것입니다. 지키기도 쉬운 것이지요. 그 말씀을 다음 몇 마디로 간추릴 수 있습니다.

―착한 일을 하라. 착한 일을 하면 복이 온다. 나쁜 일을 하지 말라. 나쁜 일을 하면 화를 만난다.

이 가르침은, 착한 일을 한 만큼 복이 오니 착한 일을 많이 하라는 가르침입니다. 이것은 하나의 과학이지요. 나쁜 일을 한 사람에게 복이 오는 일은 절대 없으니까요. 부처님의 말씀 전체가 '복 짓는 방법 배우기'입니다.
인류의 스승이신 부처님은, 지구촌 모두가 그 가르침을 실천해서 복 받기를 바라셨습니다. 그래서 더 쉽게 부처님 공부를 할 수 있도록, 재미있는 이야기를 곁들이셨어요. 이것이 '불교 설화', '불교 동화'입니다.
부처님이 들려주신 이야기는 많고 많아서 몇 편이 되는지는 아직까지 밝혀내지 못하고 있습니다. 간단히 '이야기의 산'이라 하면 될 것입니다. 팔만대장경은 복 짓는 이야기의 산입니다.
그래서 지구촌 사람들은 부처님을 세계 최초의 이야기 할아버지로 보게 되었고, 부처님 말씀인 팔만대장경이 세계 아동문학의 보배 창고인 걸 알게 되었습니다.
부처님은 "나는 수많은 전세상에서 복을 지어 부처가 되었다." 하고, 전생 이야기를 많이 하셨는데 이를 '본생담'이라 합니다.
부처님은 전생에, 착한 코끼리의 왕, 착한 원숭이의 왕, 착한 사슴의 왕, 착한 토끼의 왕, 착한 공작새의 왕, 착한 물고기의 왕으로 있으면서 착한 일로 공덕을 쌓아 부처님이 되셨습니다.
본생담 547개 이야기를 하나로 엮은 '본생경'이 이루어진 것은, 기원

전 4세기였습니다. '세계 아동문학사'에서 본생경을 세계 최초의 동화집으로 기록하고 있습니다. 이 이야기를 모두 부처님이 하셨으니 부처님은 세계 최초의 동화작가셨습니다.

부처님이 들려주신 이야기 산의 일부인 본생경을 '자타카'라고도 하는데, 자타카가 유럽에 전해져서 이솝이야기의 일부가 되었다는 것은 퍽이나 흥미 있는 사실입니다. 몇 가지 이야기만 찾아볼까요?

대머리에 붙은 파리를 잡기 위해 몽둥이로 사람을 다치게 한 본생경 44번째「모기의 전생이야기」가 이솝이야기의「대머리 남자와 파리」가 되었습니다.

본생경 189번째「사자 가죽을 쓴 나귀」가, 이솝이야기의「사자 가죽을 쓴 나귀」가 되었지요. 사람들이 사자 가죽을 쓴 나귀를 사자로 알고 있었는데, 그 나귀가 나귀 울음소리를 냈다가 본색이 드러난 이야기입니다.

암코양이가 나뭇가지에 앉은 닭을 속여서 잡아먹으려다 실패하는, 본생경 383번째「닭의 전생이야기」는 이솝이야기「여우와 닭」이 되었답니다. 팔만대장경 이야기가 이솝이야기가 된 것입니다.

이처럼 팔만대장경은 이야기의 산이요, 인류의 보물입니다.

이 책 『누구나 다 알지만 잘 안읽은 이야기 팔만대장경』은 엮은이가 2011년 1월부터 2012년 12월까지 법보신문에 연재한 『신현득 할아버지의, 부처님이 들려주신 이야기란다』에서 뽑은 것입니다. 팔만대장경 이야기 중에서 '아함경 이야기'를 내용으로 한 동화들입니다.

독자들은 우리 조상들이 호국정신에서 이룩한 이 팔만대장경에서 부처님이 들려주신 복 짓는 여러 지혜를 배우게 될 것입니다.

어른들은 아이에게, 아이들은 어른에게 서로 읽어주며 이야기 나누는 책이 되길 바랍니다.

1

해와 달이 보고 있어

세월이 키 크는 약

어떤 임금님이 늦게 공주 하나를 두었습니다.
'저 딸이 언제 다 크겠나? 어서 컸으면 좋겠다.'
이렇게 생각한 임금님은 용하다는 의사 한 사람을 불렀습니다.
"그대는 세상에서 가장 용한 의원이라고 들었소. 공주가 빨리 컸으면 좋겠는데 키 크는 약을 먹여 주시오."
의사는 기가 막혀 어찌할 바를 몰랐습니다. 세상에는 키 크는 약이 없기 때문이었습니다.
그러다가 의사는 금방 좋은 생각이 떠올라 임금님께 말했습니다.
"예, 키를 잘 크게 하는 약이 있습니다. 그러나 약을 먹이기 시작하면 키가 다 자랄 때까지 부모 되시는 분을 만나면 효과가 없어
집니다. 참으실 수 있으시겠습니까?"
"그야 기다릴 수 있지."
이렇게 하여 의사는 공주를 데려와 같이 있게 했습니다.
약을 먹이기는 했지만 실제 키가 크는 약은 아니었습니다.
12년이 지나자 공주의 키는 다 자랐습니다. 의사는 공주를
데리고 임금님 앞에 갔습니다.
"대왕님! 그 키 크는 약은 참으로 효과가 있었습니다.
공주님이 이렇게 성장해서 예쁜 아가씨가 되셨습니다."
의사는 머리를 조아리며 말했습니다.
임금님은 기뻐하며 의사를 칭찬했습니다.
"과연 천하제일의 명의로다."
그리고 많은 상을 내렸습니다.

(백유경 15번째 이야기)

코 갈아 붙이기

'내 아내는 태도가 참 좋다. 얼굴 모습도 예쁜 편이다. 그런데 코가 더 잘생겼으면 좋겠어.' 하고 생각하는 사나이가 있었습니다.
어느 날, 밖에 나갔던 사나이가 집안으로 달려 들어오며 급하게 소리쳤습니다.
"여보 코를 이리 내 놔요. 예쁜 코 하나를 구해 왔소. 코를 바꾸어야겠어. 서둘러야 해!"
사나이는 곧 아내의 코를 베어내고 가지고 온 코를 붙였습니다.
"이젠 미인이란 소리를 듣게 될 거요."
그러나 아무리 누르고 붙여도 남의 코는 붙지 않았습니다. 아내는 그만 코 없는 못난이가 되었습니다.
(백유경 28번째 이야기)

왕의 진짜 어머니 판결

경면왕이라는 슬기의 왕이 있었습니다. 어느 날, 두 어머니가 한 아기를 데리고 와서 서로 자기 아들이라고 주장했습니다. 왕은 진짜 어머니를 알아내기 위해 마음을 떠 보았습니다.
"한 아기를 두고 두 어머니가 서로 자기 아이라 주장하니 난들 어떻게 하겠나? 아기의 두 팔을 하나씩 잡고 잡아당겨서 빼앗아 가라."
두 어머니는 아기의 팔을 나누어 잡고 빼앗기를 했습니다. 한 어머니는 아기의 팔을 힘껏 잡아당겼습니다. 한 어머니는 끌려가면서도 잡아당기지 않았습니다.
"그만, 그만, 벌써 다 알았다. 누가 진짜 어머니인가를."
경면왕은 끌려가던 어머니에게 아기를 주었습니다.
(현우경 46번째 이야기)

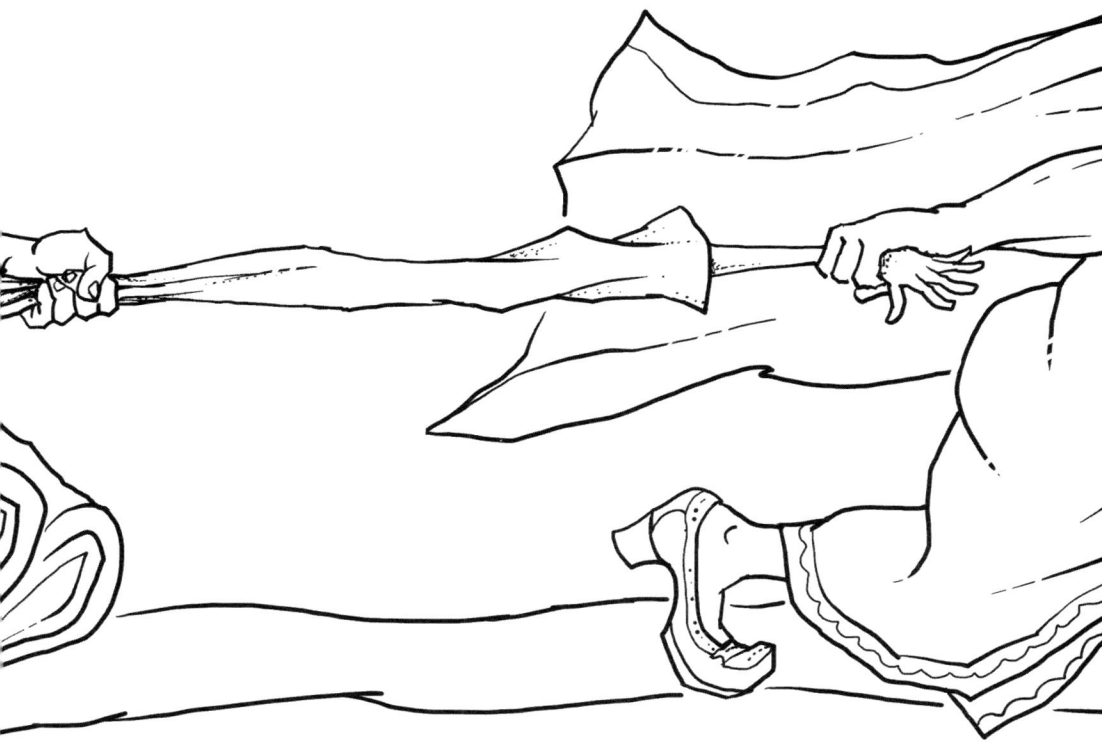

왕의 재판

어느 나라 왕궁에 옷을 넣어 두는 창고가 있었습니다. 어느 날, 도적이 들어와 창고의 옷을 모조리 훔쳐 갔습니다. 왕은 포졸을 풀어 범인을 찾게 했습니다. 며칠만에 용의자 한 사람이 잡혀왔습니다.
"여기 도적을 잡아왔습니다. 증거로 옷 몇 벌을 빼앗아왔습니다. 그 옷이 여기 있습니다."
포도대장이 왕에게 와서 보고를 했습니다.
"수고하였다. 그 도적은 내가 재판할 테니 내 앞에 데려 오너라."
왕은 용의자로 붙잡힌 사람을 보고 물었습니다.
"저 옷은 그대가 훔친 것인가?"
"대왕이시여! 저 옷은 제가 훔친 것이 아닙니다. 선조 때부터 저의 집에 있던 옷입니다."
도적은 절대로 훔친 것이 아니라고 우겼습니다.
"그런가? 그렇다면 윗대 어른들이 저 옷을 입은 모습을 보았을 테지."
"윗대의 어른들뿐 아닙니다. 제가 입기도 했었습니다."
"그렇다면 그 옷을 입어 보라."
그런데 이 옷은 궁중에서 특별히 만든 것이어서 입는 법이 달랐습니다. 도적은 옷을 거꾸로 입고 말았습니다. 팔이 들어가야 할 소매에는 다리를 끼우고, 바지가랑이에는 팔을 끼웠습니다.
"되었다. 이미 판결은 났다. 그대는 어째서 그대가 입어본 일이 있다는 옷을 거꾸로 입는가?"
도적은 대답을 하지 못하고 우물쭈물했습니다.

(백유경 8번째 이야기)

해와 달이 보고 있어

어떤 수행자가 산길을 걸어가는데, 허리끈이 풀어져 옷이 내려갔습니다.
"허, 이거 창피한 일이다."
수행자는 실수를 했다는 생각으로 좌우를 살피면서 옷을 당겨 올렸습니다.
나무 밑에 있던 산신이 수행자의 소리를 듣고 말했습니다.
"스님, 아무도 보는 이가 없는데 뭘 그러시유."
수행자가 대꾸했습니다.
"어, 산신이군요. 우선 당신이 보지 않았소. 하늘에서 해와 낮달이 내려다보고 있는데 그래요. 창피한 일이죠."
(구잡비유경 53번째 이야기)

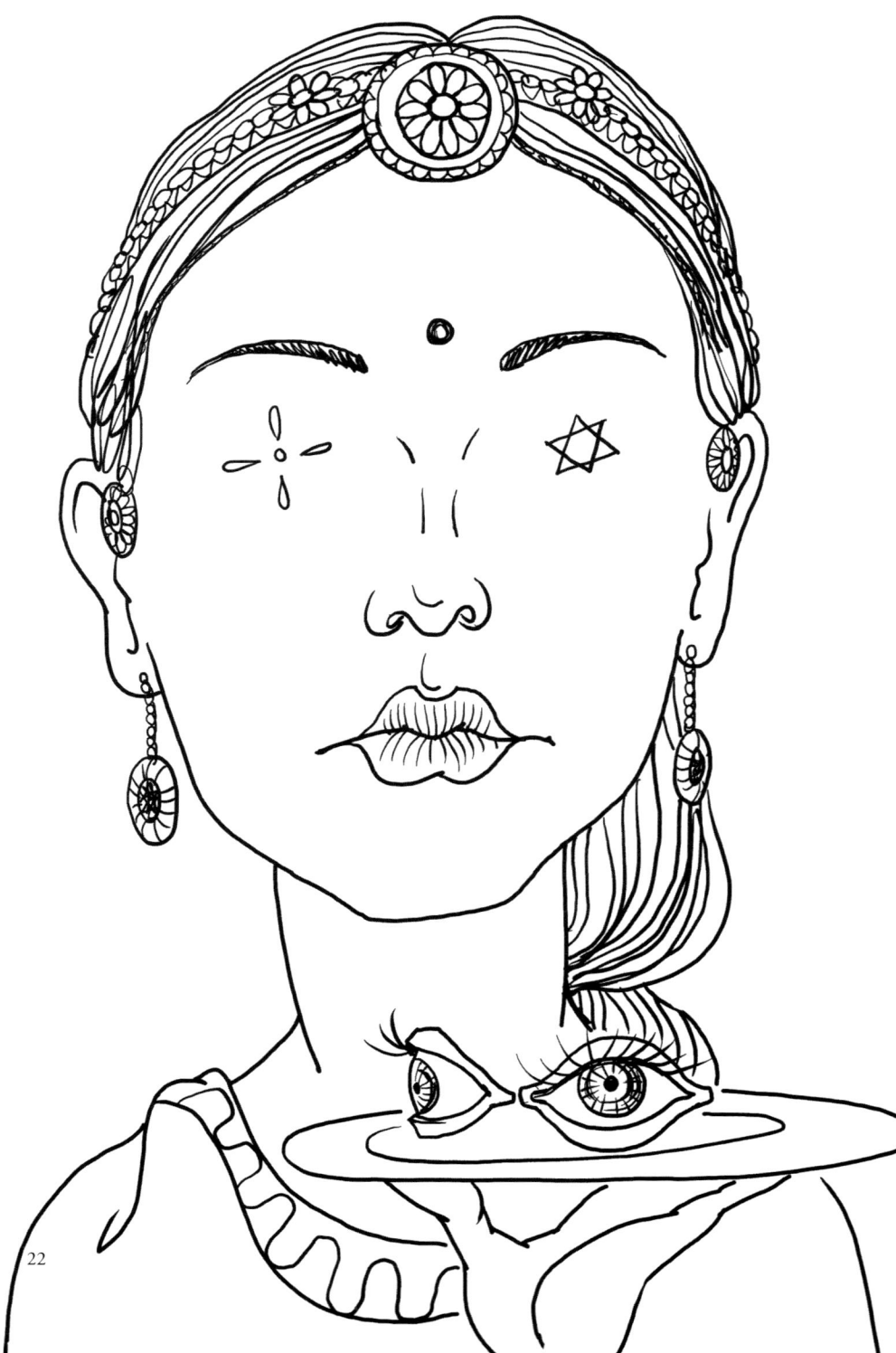

제일 큰 눈병은 장님

어떤 여자가 눈병을 앓고 있었습니다.
"자네는 눈이 아픈가봐?"
친구가 물었습니다.
"응, 몹시 아파서 앞이 잘 안 보여."
눈 앓는 여자가 대답하며 이어서 말했습니다.
"정말 눈병은 괴로워. 눈병이 무서워 아예 눈이 없으면 어떨까 싶어."
지나가던 스님이 그 말을 엿듣고 물었습니다.
"큰일 날 소리. 눈이 있으면 눈병을 앓아서 앞이 잘 안 보일 때도 있지만, 눈병을 앓지 않을 때가 더 많지요. 만일 눈이 없어서 앞을 못 보면 평생의 눈병 아닌가요?"
(백유경 85번째 이야기)

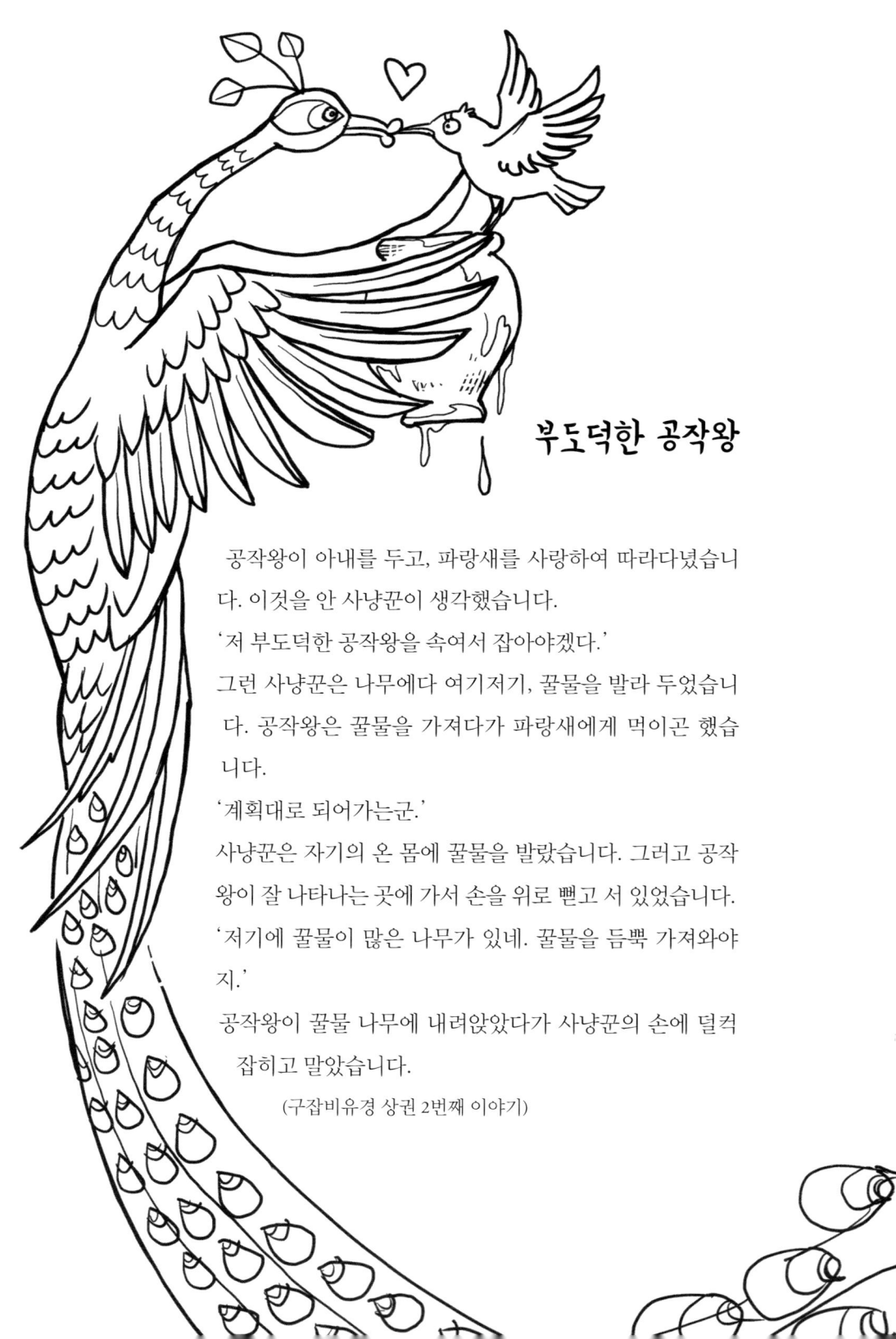

부도덕한 공작왕

 공작왕이 아내를 두고, 파랑새를 사랑하여 따라다녔습니다. 이것을 안 사냥꾼이 생각했습니다.
'저 부도덕한 공작왕을 속여서 잡아야겠다.'
그런 사냥꾼은 나무에다 여기저기, 꿀물을 발라 두었습니다. 공작왕은 꿀물을 가져다가 파랑새에게 먹이곤 했습니다.
'계획대로 되어가는군.'
사냥꾼은 자기의 온 몸에 꿀물을 발랐습니다. 그리고 공작왕이 잘 나타나는 곳에 가서 손을 위로 뻗고 서 있었습니다.
'저기에 꿀물이 많은 나무가 있네. 꿀물을 듬뿍 가져와야지.'
공작왕이 꿀물 나무에 내려앉았다가 사냥꾼의 손에 덜컥 잡히고 말았습니다.

(구잡비유경 상권 2번째 이야기)

약은 자의 핑계

생각이 약은 이리 한 마리가 갠지즈강가에 있는 넓은 바위 위에 살고 있었습니다.

어느 날 히말라야산에서 눈이 녹아내려 큰물이 졌으므로 바위가 물 가운데에 들게 되었습니다.

'이렇게 물 속에 갇혀, 먹이도 얻어먹을 수 없다. 굶는 판이니 이 기회에 단식 수행이나 하자.'

이리는 단식을 시작했습니다. 하늘의 제석천왕이 이리의 행동을 내려다보았습니다.

'저 약은 짐승이 핑계 좋은 김에 단식을 하는군. 저 결심이 얼마나 굳을까?'

제석천왕은 곧 염소로 몸을 바꾸고 단식하고 있는 이리 앞으로 갔습니다.

"아니, 이건 맛좋은 먹이 아냐? 단식은 그만!"

이리는 단식 수행을 팽개치고 염소를 잡으려고 뛰어다녔습니다. 염소는 요리조리 피해다니며, 잡혀주지 않았습니다. 아무리 해도 염소가 잡히지 않자, 이리는 자기 자리로 돌아가며 말했습니다.

"아, 참 내가 지금 단식 수행 중이라는걸 잊었어. 먹이를 먹으면 안 되지."

(본생경 300번째 이야기)

젖소 배 안에 젖을 모아둔다

잔치를 앞둔 농부가 생각했습니다.

'잔치가 한 달 남았다. 그때는 많은 우유가 필요하다. 우유를 짜서 두면 상하기 쉽지.'

농부는 우유를 젖소의 배 안에 모아 두었다가 한꺼번에 짜기로 하고 그 날부터 젖을 짜지 않았습니다.

잔칫날 아침에 농부는 큰 독을 준비해 놓고 젖소의 젖을 짜기 시작했습니다.

'많은 젖이 나올 테지.'

그런데 하루치의 젖을 짜고 나니 젖은 더 나오지 않았습니다.

'이게 웬 일일까? 한 달 동안 모아 두었는데 웬 일일까? 야단났다. 야단났어.'

잔치 손님들이 모여드는데 농부는 발을 동동 굴렀습니다.

(백유경 2번째 이야기)

보릿짚이 막대보다 더 튼튼해

멍청이 한 사람이 집짓는 공사장에 구경 갔습니다. 미장이들이 튼튼한 벽을 쌓고 있는 걸 보고 물었습니다.
"무엇으로 벽을 만드나요?"
미장이가 일러 주었습니다.
"찰흙에다 보릿짚과 볏집을 썰어 넣지. 그것을 잘 이겨서 벽을 쌓으면 튼튼한 것이 된다."
"나도 벽을 쌓을 수 있다. 그보다 몇 배 튼튼한 걸 쌓을 수 있다."
큰 소리를 친 멍청이는 곧 자기집 담장을 고치기로 했습니다.
"보릿짚이나 볏짚보다는 나무 막대가 튼튼하지."
멍청이는 굵은 막대기를 끊어 넣고 흙을 이겼습니다.
"이보다 더 튼튼한 벽은 없을 걸."
그러나 멍청이가 만든 벽은 한 길도 쌓지 않아 푸석, 무너지고 말았습니다.

(백유경 39번째 이야기)

2
없는 것은 없는 것

상관의 입을 밟다

어떤 벼슬아치가 몇 사람의 부하를 거느리고 있었습니다.
부하들은 벼슬아치의 마음에 들려고 애를 썼습니다.
벼슬아치가 침을 뱉으면 다투어 그것을 밟아 뭉개었습니다. 그런데 아둔한 한 사람은 한 번도 침을 밟아 뭉개지 못했습니다.
'상관의 마음에 들어야 하는데 이래서는 안 되겠구나.'
아둔한 부하는 침을 밟아 뭉갤 기회만 엿보고 있었습니다.
어느 날, 낮잠을 자고 있던 벼슬아치가 평상에 누운 채 침을 뱉으려고 했습니다.
'이때다!'
아둔한 부하는 달려들어 뱉은 침을 뭉개려 했습니다. 그러다가 그만 벼슬아치의 입을 밟고 말았습니다.

(잡비유경 14번째 이야기)

군마와 당나귀

왕이 오백 마리 군마를 이끌고 나가 전쟁을 이겼습니다. 이 때 오백 마리의 나귀는 군마의 먹이를 운반했습니다. 전쟁에서 돌아온 왕은 마부들에게 분부했습니다.
"전공을 세운 군마들이 매우 지쳐 있다. 국물을 곁들인 먹이와 포도주를 주도록 하라."
군마들은 맛나고 향기 있는 먹이를 먹고 제 외양간에 들어가 조용히 쉬고 있었습니다.
"군마들의 먹이를 운반하던 저 나귀들에게도 무엇을 먹일까요?"
마부들이 왕에게 여쭈었습니다.

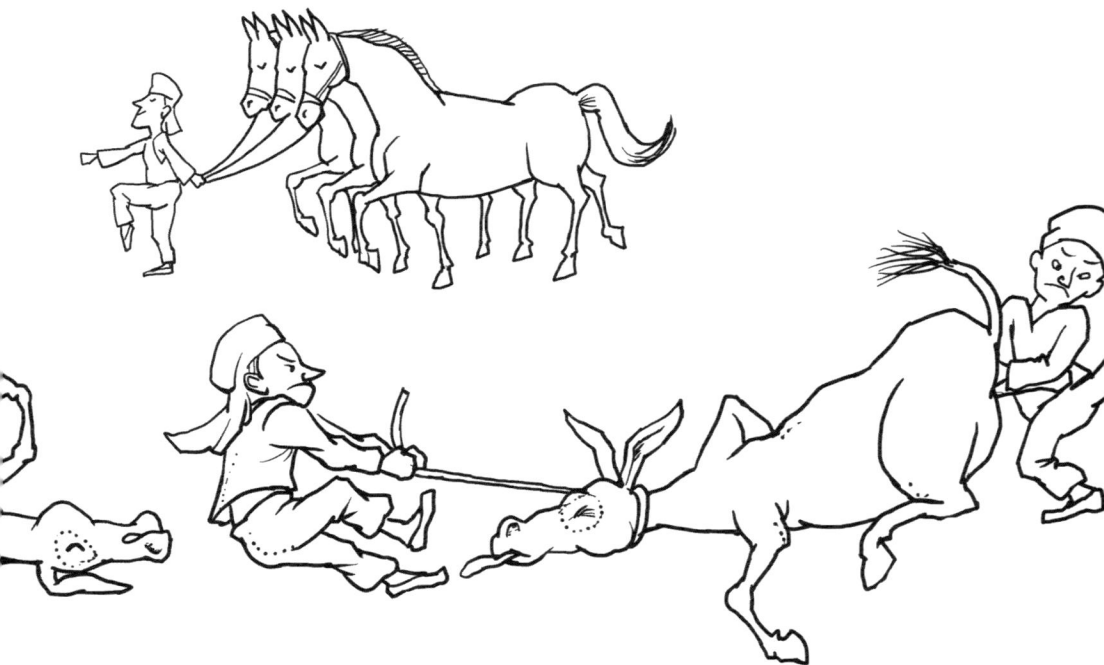

"군마들이 먹던 찌꺼기를 주어라."
왕이 말했습니다.
지시한 대로 마부들은 말이 먹던 찌꺼기를 모아서 나귀들에게 나누어 주었습니다.
"어, 맛있다. 맛이 기가 막히군."
나귀들은 찌꺼기를 먹었습니다. 술찌꺼기를 먹은 나귀들은 취해서 떠들며 돌아다녔습니다.
"역시 어리석은 것들은 도리가 없어. 더 좋은 음식을 먹은 군마는 아무 말이 없는데, 나귀는 찌꺼기를 먹고도 저 꼴이니."
마부들은 취한 나귀들을 모두 외양간에 가두어 버렸습니다.

(본생경 183번째 이야기)

없는 것은 없는 것

두 나그네가 길을 가다가 짐수레꾼을 만났습니다.
"오르막길이어서 그래요. 저 꼭대기까지 좀 밀어 주세요."
짐수레꾼이 말했습니다.
"수레를 밀어 주면 무엇을 대가로 주겠는가?"
나그네가 물었습니다.
"없는 물건을 드리죠."
"없는 물건이라면 틀림없이 좋은 것을 말하는 것일 테지."
두 사람은 없는 물건을 얻으려고 땀을 흘려가며 수레를 밀었습니다.
허위허위 산꼭대기에 이르렀습니다.
"자, 이제 준다던 것을 주시오."
나그네가 땀을 닦으며 말했습니다.
"수고하셨습니다. 그러나 없는 물건은 없는 것이므로 드릴 것이 없습니다."

짐수레꾼의 말이었습니다.
"이 거짓말쟁이 좀 봐라. 준다던 것을 안 주고 이상한 말을 하네."
그러자 한 사람의 나그네가 싸움을 말리면서 말했습니다.
"그만 가세. 덕분에 '없다'라는 말은 확실히 배우지 않았나.
그것만 해도 소득일세."
(백유경 56번째 이야기)

양치기의 결혼

마음이 착하기만한 양치기가 있었습니다. 알뜰히 양을 길러 천 마리 양떼를 갖게 되었습니다. 그러나 그는 세상 일에 대해 잘 알지 못했습니다.
어느 날 사기꾼 한 사람이 와서 말했습니다.
"자네, 결혼을 해야 하지 않겠나? 좋은 색시감이 있네. 지체 있는 바라문의 딸일세."
사기꾼이 말을 이었습니다.
"그처럼 지체높은 집 색시를 얻으려면 예물을 주어야 하네. 양으로 백 마리는 주어야 할걸."
사기꾼은 예물로 준다며 백 마리의 양을 몰고 가서 자기 것으로 했습니다.
며칠 뒤, 사기꾼이 다시 나타나서 말했습니다.
"자네 결혼은 잘 되었네. 지금 부인의 집을 마련해 주어야 하네. 그리고 세간도 장만해야지?"
"아니, 아내 된 사람 얼굴도 모르는데요?"
"결혼은 본래 그런거야. 그런데, 색시가 살림을 하자면 쉰 마리의 양은

있어야겠어."
색시의 살림을 차려준다며 사기꾼은 쉰 마리의 양을 몰고 갔습니다.
얼마 뒤, 사기꾼은 또 다시 나타났습니다.
"기뻐해 주게. 자네 부인이 아들을 낳았네."
"아니, 얼굴도 보지 못한 아내가?"
"결혼이란 본래 그런 걸세. 아주 예쁜 아들을 낳았어."
"어쨌든 아들을 낳았다는 소식은 반가운 일일세. 기쁜 소식이야."
양치기는 얼굴에 웃음을 띠었습니다.
"기쁜 소식이고 말고. 그런데 아기의 양육비가 필요하네. 우선 쉰 마리의 양이 있어야겠네."
양치기는 얼굴도 보지 못한 아내가 낳은, 얼굴 모르는 아들을 위해 쉰 마리의 양을 주었습니다.
몇 달 뒤였습니다.
사기꾼이 숨이 차게 달려 와서 소리쳤습니다.
"딱하지. 자네 아기가 그만 죽었네. 그걸 보고 슬퍼 울다가 자네 부인도 세상을 떠났어."

(백유경 30번째 이야기)

말을 바꾸어 부른다

성 밖 이십리 되는 곳에 좋은 약수터가 있었습니다. 왕이 성 안 사람들을 바꾸어 가며 약수를 길어 왕궁으로 가져오게 했습니다. 그러자 사람들은 투덜댔습니다.
"약수 길어오는 일이 힘들다. 이 나라를 떠나야겠다."
원성이 나자 촌장이 말했습니다.
"조금만 참으세요. 내가 대궐에 들어가서 시정하도록 대왕께 여쭈어 보겠어요."
촌장은 곧 대궐로 가서 왕을 만났습니다.
"대왕님, 약수 길어오는 것이 백성들에게 고된 일이 되고 있습니다. 20리는 너무 먼 거리입니다."
그러자 왕이 물었습니다.
"그럼, 몇 리쯤의 거리면 적당할까?"
"5리면 그다지 먼 것이 아닙니다."
멍청이 대왕이 말했습니다.
"말을 바꾸어라. 20리를 고쳐서 5리로 한다. 이제 약수터까지 멀다고는 않겠지?"

멍청이 촌장이 대답했습니다.
"예, 예, 그러시면 되겠습니다. 백성들이 어려워하지 않을 겁니다."
멍청이 촌장은 돌아가서 마을 사람을 모았습니다.
"현명하신 대왕께서 약수터까지의 거리 20리를 5리로 고치셨어요. 사분의 일 거리로 줄었지요."
멍청이 마을 사람들은 물그릇을 들고 나서며 말했습니다.
"고마운 대왕님이시다. 5리라면 힘들지 않게 다녀올 수 있다. 자, 약수를 길으러 가자!"
그러나 약수터까지의 거리는 조금도 줄지 않았습니다.

(백유경 34번째 이야기)

냄새만 맡아도

어떤 수행자가 연못 가까이서 수도하고 있었습니다.
어느 날 그는 연못에 내려가서 활짝 핀 연꽃을 보고 그 향기를 맡으면서 서 있었습니다.
그 때 나무에 사는 여신이 나타나서 수행자를 나무랐습니다.
"한 송이 연꽃에서라도 주지 않는 향기를 맡으면 그것은 도둑이오."
수행자가 대꾸했습니다.
"내 손으로 꽃을 꺾지도 않았고, 그 꽃을 해친 것도 아닌데, 무엇으로 도둑이라 하나요?"
그 때 마침, 어떤 사나이가 와서 연뿌리를 캐고 꽃을 꺾고 있었습니다.

그래도 여신은 도둑이라 소리치지 않았습니다.
수행자가 다시 물었습니다.
"저 사람은 연뿌리까지 캐고 꽃도 꺾었습니다. 그런데도 어째서 나무라지 않지요?"
여신이 대답했습니다.
"나는 수행자에게 말했습니다. 법을 어기고 부끄럼을 모르는 사람에게 하는 말이 아니지요. 욕망을 멀리하고 마음이 깨끗하기를 바라는 수행자는 토끼털 하나만한 죄라도 하늘에 뜬 구름의 크기로 봐야 할 거예요."
(본생경 392번째 이야기)

야만국에서는 야만인이 되어야

장사치 형제가 야만국에 가서 물건을 팔기로 했습니다.
동생이 말했습니다.
"그곳은 발가벗고 사는 나라랍니다. 그래도 그곳 풍습을 따라야겠지요? 친절한 마음으로 말을 공손히 하고 뽐내지 말아야 할 겁니다."
형이 말했습니다.
"법도를 버려서는 안 된다. 우리의 품위를 지켜야 하는 거야. 어찌 발가벗고 사는 나라에 가서 그들의 풍습을 따른단 말이냐?"
동생은 그 나라 풍습을 따르기로 하고 형은 체면을 세우기로 했습니다.
야만국에는 달마다 그믐날과 보름날 밤에 잔치를 벌이는 풍습이 있었습니다. 기름 고약을 머리에 칠하고, 진흙을 몸에 바릅니다. 뼈로 만든 장식을 목에 걸고 돌멩이 두 개를 마주치면서 남녀가 어울려 노래하고 춤을 춥니다. 동생이 그들을 따라했더니 추장과 무리들이 좋아하며. 가지고 간 물건을 모두 사기로 했습니다.
형은 수레를 타고 위엄을 갖추어 이 야만국에 들어갔습니다. 말을 엄숙하게 하고 예의를 갖추어 행동을 했습니다.

"별난 놈이 왔군. 우리와 친하려 하지 않는다!"
추장과 무리가 달려들어 형이 가진 것을 모두 빼앗고 주먹으로 때려 주었습니다.

(육도집경 지나국경)

원숭이가 본 인간세상

숲속에 살던 원숭이 한 마리가 사냥꾼에게 사로잡혔습니다. 사냥꾼은 사로잡은 원숭이를 왕에게 바쳤습니다. 원숭이는 왕의 노리개가 되어 왕을 즐겁게 해 주었습니다. 임금이 시키는 심부름을 열심히 했습니다. 원숭이는 왕궁에서 봉사하면서 사람들이 무엇을 생각하며, 무엇을 잘못하고 있는가를 알게 되었습니다.
왕은 원숭이가 사람의 궁궐에 와서 일하는 것을 가엾게 여기고 원숭이를 사로잡아 온 사냥꾼을 불렀습니다.
"이 원숭이는 인간에게 잡혀 와서 많은 일을 하였다. 그러나 저로 봐서는 매우 가여운 일이다. 처음 살던 곳에 가서 놓아주어라."
사냥꾼은 원숭이를 데리고 가서 숲에 놓아주었습니다.

원숭이들은 없어졌던 친구가 돌아온 것을 알고 기뻐했습니다. 그리고 바위 위에 모여서 친구 원숭이에게 물었습니다.
"대체, 친구는 어디에 가서 그처럼 오래 있었나?"
"사냥꾼에게 사로잡혀 인간의 왕궁에 가서 장난감 노릇을 했었네."
"그래? 그럼 어떻게 놓여나왔나?"
"왕을 위해 열심히 봉사했었네. 왕이 나를 가엾게 여기고 놓아주었지."
"그거 정말 좋은 경험을 했군. 그렇다면 인간 세상을 환하게 알게 되었을 테지. 인간은 어떤 생각들을 하던가?"
"말 말게. 인간들이란 모두 자기만을 아는 욕심꾸러기들이더군. '이것은 내것, 저것은 내 황금덩이' 하는 생각들만 갖고 있었어."
그러자 원숭이 무리들은 손을 저으며 말했습니다.
"그만그만, 그쳐 주게. 다음 이야기는 듣지 않아도 알겠네."

(본생경 219번째 이야기)

건강은 마음에서

욕심쟁이 까마귀가 있었습니다. 까마귀는 좋은 먹이만 찾아 먹었습니다. 그러나 살이 찌지 않았습니다.
까마귀는 포동포동 살이 찐 메추리를 찾아가서 물었습니다.
"메추리야. 너는 무슨 맛있는 먹이를 먹기에 그렇게 살이 쪘니?"
메추리가 대답했습니다.
"나는 맛있는 먹이를 먹은 일이 없단다. 너야말로 맛있는 살코기만 먹지 않니?"
까마귀가 대답했습니다.
"그것이 이상해. 잘 먹어도 살이 찌지 않거든."

메추리가 말했습니다.

"욕심 때문일 거야. 너는 좋은 먹이를 구하기 위해 적이 있는 속에 뛰어든다. 그 때는 마음이 떨릴 테지. 나는 좋은 것, 많은 것을 바라지 않고, 먹이를 찾아 멀리까지 날아가지도 않는다. 다만 얻은 것으로 만족하거든."

(본생경 349번째 이야기)

되돌아온 꿀밤

광대를 따라다니며 재주 부리던 원숭이가 그네에서 떨어졌습니다.
광대가 그것을 보고 화를 내며, 원숭이에게 꿀밤 하나를 "콩!"
하고 때렸습니다.
"왜 실수를 했나? 너는 맞아야겠어."
원숭이도 화가 났습니다.
"내가 일부러 떨어진 것도 아닌데 정말 속상해. 화풀이를 어디에다 한담?"
새끼 원숭이를 보고, 꿀밤 하나를 "콩!" 하고 때리며 말했습니다.
"너는 맞아야겠어."
그러자 새끼원숭이는 막내 원숭이에게 꿀밤 하나를 "콩!" 때리며 말했습니다.
"너는 맞아야겠어!"
막내 원숭이는 때릴 데가 없었습니다. 속이 상한 막내는 꿀밤만한 돌멩이 하나를 주워 던지며 말했습니다.
"나도 화풀이다. 아무나 맞아라!"
돌멩이는 용하게 광대의 머리에 "딱!" 하고 소리내며 떨어졌습니다.
(백유경 83번째 이야기)

＃ 3

원인만 따지다 보니

머리 없는 것도 칭찬이 돼

어떤 수행자가 귀신의 숲을 지나고 있었습니다. 귀신이 길 옆에 숨어서 망을 보며 생각했습니다.
'옳다. 좋은 먹이가 오는군. 저 수행자를 놀라게 하자. 놀라서 넘어지거든 잡아먹는 거다.'
수행자가 지나가자 귀신이 머리 없는 사람 모습을 하고 소리치면서 나타났습니다. 그러나 수행자는 조금도 놀라지 않았습니다. 수행자는 그것이 귀신의 장난인 것을 알았지만 오히려 귀신을 칭찬했습니다.
"응, 머리가 없군. 그 재주 놀랍네. 그건 아주 좋은 일이다. 머리 아플 걱정 없고, 눈으로 나쁜 걸 보지 않아도 되고, 귀로 나쁜 소리 들을 걱정, 입으로 먹을 걱정 없으니 얼마나 좋겠니?"
그러자 귀신은 곧 사라졌습니다. 그리고 조금 뒤, 머리도 몸뚱이도 없고, 손발만 있는 모습이 되어 불쑥 튀어나왔습니다. 그래도 수행자는 놀라지 않았습니다. 그는 또 귀신을 칭찬했습니다.

"몸뚱이까지 없으니 아플 일도 없고, 배고플 일도 없겠구나. 얼마나 좋겠니?"

다음으로 귀신은, 머리와 몸뚱이는 있고 손발만 없는 모습이 되어 나타났습니다. 여전히 수행자는 놀라지 않았습니다.

"손발이 없는 것은 좋은 일이다. 대개 사람들은 손발로 죄를 짓는다. 남의 것을 빼앗을 때 손발이, 약한자를 윽박지를 때도 손발이 쓰인다. 손발이 없으니 얼마나 좋으랴."

귀신은 크게 감동하고, 단정한 남자 모습으로 나타나 수행자에게 예배하고 말했습니다.

"훌륭하십니다, 스님. 스님의 마음은 움직일 수 없군요."

(구잡비유경 52번째 이야기)

공작의 실수

이 세상이 처음 시작될 때 일입니다. 네발짐승들이 모여, 사자를 왕으로 삼았습니다. 물고기들은 환희라는 물고기를 왕으로 정했습니다. 날짐승의 왕으로는 백로가 뽑혔습니다. 백로 왕에게 예쁜 공주가 있었습니다.
"아바마마, 저는 마음씨가 의젓하고 모습이 잘난 남편을 갖는게 소원이어요."
백로 공주가 말했습니다.
"그래그래, 내가 그 소원을 들어주마."
백로 왕은 세상의 온갖 새를 히말라야 산, 너럭바위로 모았습니다.

"네 남편감을 골라 보아라."

공주가 뽑은 새는 공작이었습니다. 공작은 진주 빛깔의 머리와 아름다운 날개를 가지고 있었습니다.

많은 새들이 공작을 부러워하며 공주와 결혼하게 된 것을 축하했습니다. 그러자 공작은 그만 마음이 들뜨고 말았습니다.

"얼씨구 좋다!"

그는 진주빛 날개깃을 벗어 던지고 그 자리에서 덩실덩실 춤을 추며 떠들었습니다.

백로 왕은 이 광경을 보고 화를 내었습니다.

"괴이한 일이로다. 새짐승 나라의 부마 될 자가 저렇게 침착하지 못하다니. 부마감을 바꾸어라!"

왕은 공작을 내쫓았습니다. 그리고 백로 무리 중에서 마음씨가 의젓한 부마를 골랐습니다.

(본생경 32번째 이야기)

어리석은 꾀보

'나는 꾀보다' 하고 생각하는 사람이 있었습니다.
어느 날, 꾀보는 돈이 많은 장자의 집으로 돈을 꾸러 갔습니다.
"형님 돈을 좀 꾸어 주십시오."
"허허, 나를 형님이라 하는데 돈을 꾸어 주지 않을 수야 있나. 얼마쯤 필요한가 이야기하게."
"백 냥만 꾸어 주십시오."
"그래, 꾸어 주고 말고."
꾀보는 장자를 형님이라 부른 값으로 쉽게 백 냥 돈을 꾸었습니다.
돈을 꾼 꾀보는 백 냥의 돈을 밑천으로 장사를 해서 2백 냥을 벌었습니다.
빚을 갚으러 가면서 꾀보는 생각했습니다.
'이젠 돈을 웬만큼 벌었으니 장자에게 형님 소리 할 것 없다.'
그는 장자 집으로 가서 돈을 내놓았습니다.
"어르신네. 제가 꾸어간 돈을 갚아 드리지요. 여기 있습니다."
장자가 말했습니다.
"자네 마음이 한결같지 않구나. 돈을 꾸어갈 때는 나를 보고 형님이라 부르더니 돈을 갚으러 와서는 어르신네가 뭔가? 다음에 부탁할 일이 또 있을 때는 나를 무어라 부를 텐가?
꾀보는 얼굴이 빨개졌습니다.

(백유경 7번째 이야기)

대머리 아저씨

나이가 들자 대머리 아저씨의 머리가 차츰 더 빠졌습니다. 나중에는 머리카락이 몇 개밖에 남지 않게 되었습니다.
"이거 창피해서……"
대머리는 밖에서나 방안에서나 모자를 눌러 쓰고 지냈습니다. 친구들과 놀 때 어쩌다가 모자를 벗으면 놀려댔습니다.
"자네는 갈수록 대머리가 되는가? 어째서 그렇게 반질반질하지?"
이제 친구 만나기도 창피하다는 생각을 갖게 되었습니다.
"키도 이만하고, 신체도 좋은데 미남이란 소리를 못 듣는 것은 바로 이 대머리 때문이야. 남의 놀림감이 되는 것이 대머리 때문이야."
대머리 아저씨는 생각할수록 억울했습니다.
그는 대머리를 고칠 수 있는 의사를 찾아 다녔습니다. 천하에서 제일 용하다는 의사를 찾아 만났습니다.
"선생님, 저는 대머리가 심합니다. 머리칼이 나는 약을 좀 주셔요."
"대머리 약?"
의사는 대머리 아저씨를 쳐다보다가 말을 이었습니다.
"대머리에는 약이 없어요."
그러자 대머리는 통사정을 했습니다.
"제발 약을 좀 파셔요. 창피해서 도무지 살맛이 나지 않습니다."
그러자 의사는 자기가 썼던 모자를 후딱 벗어 보이며 말했습니다.
"내 머리를 보셔요. 대머리 고치는 약이 있다면 나부터 고칠 거 아니오?"
알고 보니 의사도 대머리였습니다.

(백유경 40번째 이야기)

가짜 도사의 억지 판결

두 아이가 강에 물놀이를 갔다가 이상한 털 한 줌을 주웠습니다. 한 아이가 말했습니다.
"이건 선인의 수염이야."
다른 한 아이가 말했습니다.
"아니야, 곰의 머리털이 이렇던 걸."
"수염이다."
"곰의 머리털이야."
두 아이는 서로 우겼습니다.
"그럼 저기 초막에 가서 도사님께 물어 보자."
"좋다, 내 말이 맞을 걸."
두 아이는 검은 털 한줌을 가지고 강가에 있는 도사의 초막으로 갔습니다.
"도사님은 온갖 걸 다 아실 테지요. 이것이 무엇인지 판결해 주세요."
두 아이는 검은 털을 도사에게 내밀었습니다. 그런데, 이 사람은 가짜 도사였습니다. 가짜 도사는 일부러 큰 기침 소리를 내며 아는 척했습니다.
"내가 모르는 게 있나. 이런 건 안 보고도 안다."
안 보고도 안다면서 도사는 검은 털을 이리저리 뒤적거렸습니다. 사람의 것인지, 곰의 것인지 도무지 알 수가 없었습니다.
판결을 할 수 없게 된 도사는 쌀과 참깨를 입에 넣고 씹더니 손바닥 위에 뱉었습니다. 그러고 소리쳤습니다.
"이건 공작의 똥이다!"
"도사님, 아무리 봐도 이건 털 같은 걸요."

두 아이의 말에 가짜 도사는 화를 내었습니다.
"알아듣지 못하는구나. 그처럼 못 알아듣는 아이들과는 이야기를 할 수 없다. 물러가거라!"
(백유경 49번째 이야기)

사람 원앙이

원앙새 울음을 흉내 잘 내는 사나이가 사치를 좋아하는 아내와 살았습니다. 어느 축제일 전날 아내가 화를 내면서 말했습니다.
"내일이 축제일인 줄은 아시나요? 다른 남자들은 모두 아내에게 좋은 옷을 입혀주고 우발라 수련꽃을 머리에 꽂아주는데, 당신은 어쩔 참이어요?"
아내의 성화에 못 이겨 사나이는 우발라 수련을 구하러 나섰습니다.
"대왕님의 연못에 갈까 보다. 거기에는 수련이 많이 있거든. 거기에 원앙이도 많지. 원앙이 울음 흉내를 내면 연못지기는 감쪽같이 속을 걸."
날이 어둡기를 기다려 사나이는 왕의 연못으로 갔습니다. 원앙새 소리를 내며 수련꽃을 꺾었습니다. 놀란 원앙새들이 놀라며 꽥꽥 소리를 내었습니다.
"꽥 꽥 꽥 꽥!"
사나이도 원앙들이 놀라는 소리를 흉내내었습니다.
그러자, 연못지기는 소리쳤습니다.
"거 누구요?"
사나이는 자기가 원앙이 되기로 작정하고 대답했습니다.
"나는 원앙새예요. 사람이 아니예요."
그러다가 아차, 하고는 금방 후회를 했으나 때는 늦었습니다.
"원앙이라구? 사람 원앙이야?"
연못지기는 달려와서 사나이의 뒷덜미를 잡았습니다.

(백유경 47번째 이야기)

*우발라 꽃빛이 검푸른 연꽃의 한 종류. 수련.

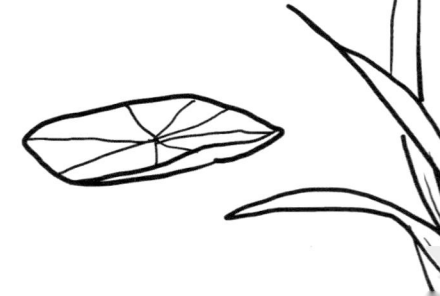

엄마 말을 잊었다가

깊은 산중에 독수리가 집을 짓고 살았습니다.
독수리는 알을 낳아 새끼를 깨었습니다. 이제 새끼들은 제법 날개짓을 할 줄 압니다.
"엄마, 이제 날아 다녀도 되나요?"
아기 독수리가 물었습니다.
"아니다. 아직은 날개의 힘을 더 길러야 한다. 기다려라."
엄마 독수리는 아기 독수리를 타일렀습니다.
얼마 있다가 또, 아기 독수리들이 졸랐습니다.
"이제 날아다녀도 되지요? 아무리 멀고 높은 곳에라도 날아갈 자신이 있어요."
"아가들아 이제 웬만큼 날개가 튼튼해졌으니 날아도 좋다. 그렇지만 엄마 가까이에서 날아다녀야 한다. 높게 날아서는 안 돼."
엄마 독수리는 다시 타일렀습니다.

"왜 그런가요."
"허공을 자꾸 올라가면 세상이 쟁반만큼 작게 보인다. 거기서 더 올라가면 바람이 세다. 바위를 핑핑 날릴만한 바람이야. 그 바람은 너희들 몸을 찢고 만다."
새끼 독수리들은 일제히 둥지에서 날아나왔습니다. 허공을 치솟아 올라가 보니 재미있었습니다. 그러다가 엄마 독수리의 말을 잊었습니다. 하늘 높이 오르자 세상이 마당만하게 보였습니다. 더 올라가자 방석만해졌다가 다시 쟁반만해졌습니다.
"햐, 재미있구나!"
그런데 다시 더 오르려 하자. 억센 바람이 휘몰아쳤습니다. 아기 독수리들은 그만 바람에 몸뚱이가 찢겨 땅으로 떨어졌습니다.
(출요경 이양품)

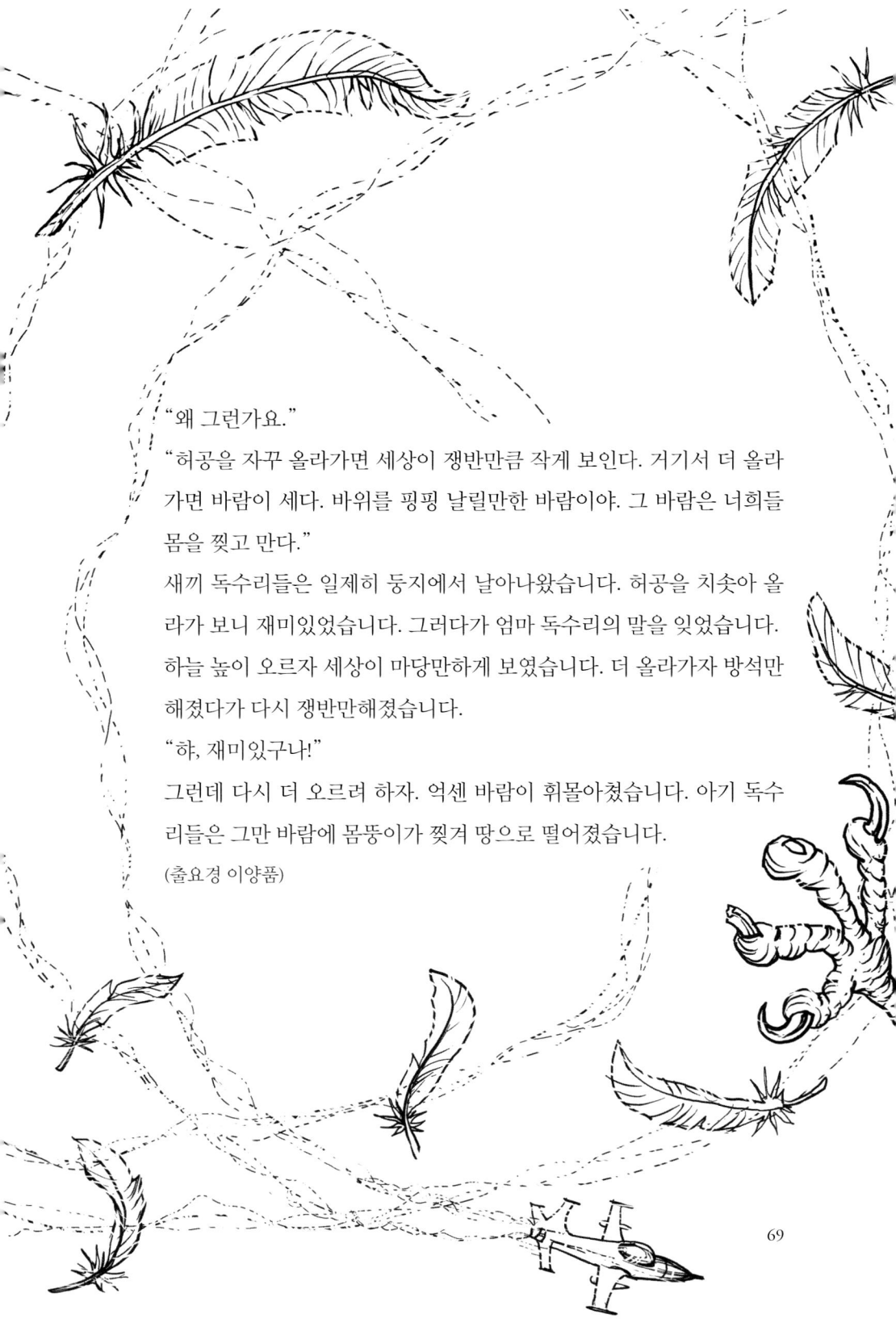

멍청이 도둑

'마니'라는 말을 보배구슬이라는 뜻으로, 수채구멍이라는 말로도 쓰는 나라가 있었습니다.

어느 날 이 나라의 어느 집에 두 도둑이 들어왔습니다. 주인이 집을 비워 둔 사이었습니다. 꾀보 도둑과 멍청이 도둑이었습니다.

집안을 뒤져, 보배를 한 보따리 꾸린 뒤 꾀보 도둑은 말했습니다.

"나는 먼저 간다. 바깥에 주인이 지키고 있는 것 같다. 나는 마니 수채구멍으로 빠져나가겠다."

"뭐, 집안에 마니 보배구슬을 숨겨 둔 데가 있다고? 나는 그것을 훔쳐 가겠네."

말을 잘못 알아들은 멍청이는 계속 집안을 뒤지고 있었습니다. 그러다가 멍청이는 주인의 몽둥이를 맞고 잡혔습니다.
"살려 주서요. 다시는 훔치지 않겠어요."
멍청이 도둑은 두 손을 싹싹 비볐습니다.
"이놈아 네 혼자 왔느냐?"
"아니어요. 꾀보와 같이 왔지요. 꾀보가 먼저 달아나면서 마니 보배구슬이 있다기에 찾고 있는 중이어요."
"마니 보배구슬?"
한참 생각하던 주인은 중얼거렸습니다.
"음, 이놈이 수채구멍을 잘못 알아들었군."
멍청이가 가르쳐 주어 꾀보 도둑까지 일망타진되었습니다.

(백유경 94번째 이야기)

원인만 따지다 보니

어떤 사람이 독화살을 맞았습니다. 독이 온 몸으로 퍼져 생명을 잃어가고 있었습니다. 가족과 친척이 급하게 의사를 불러와 재촉했습니다.
"독화살을 맞았어요. 빨리 화살을 뽑고 독을 제거해 주세요. 아니면 이 사람은 죽습니다."
그런데 의사는 병의 원인과 차례를 따지는 사람이었습니다.
"아직 그 화살을 뽑지 마세요. 먼저 화살을 쏜 사람이 누구인지 알아야 할 거 아니요? 그 범인의 성과 이름을 안 다음에 화살을 뽑아야 합니다."
"아니요, 급한데 그게 무슨 소리요! 어서 사람이나 살려 놓고 봅시다!"
가족과 친척들이 재촉해도 의사는 태연하게 말하였습니다.
"모든 일은 차례를 따져야 합니다. 그 화살 쏜 사람의 직업이 무엇인가? 동서남북 어느 마을 사람인가도 알아야 할 거 아니요?"
"의사가 뭐 저래?"
그래도 의사는 엉뚱한 말만 하고 있었습니다.
"가만히 계세요. 이 활의 활대가 무슨 재료인지도 알아야 해요. 산뽕나무를 굽힌 것인가, 물푸레나무인가, 혹은 뿔로 만든 것인가를요?"

"그걸 따질 시간이 아니라니까."
둘러선 사람이 소리치는데도 의사는 같은 말만 하고 있었습니다.
"조금만 참으세요. 이 활 줄이 사슴 힘줄인가, 소 힘줄로 되었는가, 실로 되었는가, 삼으로 되었는가도 알아야지요."
"아니, 저런!"
"참으세요, 좀. 그 화살이 보통 나무로 만든건가, 아니면 대나무로 만

든 건가도 알아야 해요."

"아니 아니……."

사람들이 의사의 멱살을 잡고 입을 막았습니다. 그래도 의사는 서두르지 않았습니다.

"아직 화살을 뽑지 마세요. 그 화살 깃이 매의 깃털인지, 독수리 깃털인지, 닭의 깃털인지 알아야 해요."

그러는 사이에 독화살 맞은 사람은 숨을 거두고 말았습니다.

(아함부 전유경)

어리석은 사제관

"그동안 수고한 공로에 대하여 말 한 필을 주겠소."
왕이 사제관 루하카에게 말을 내려 주었습니다.
"감사합니다, 대왕님."
말 한 필을 얻은 루하카는, 이 말에 가죽 고삐를 메우고 멋진 안장을 얹혔습니다. 오색실로 짠 가슴걸이를 걸고 예쁜 말방울을 달았습니다.
"남들이 부러워할 걸."
루하카는 잘 치장한 말을 타고 왕궁에 오고 갔습니다.
"딸랑 딸랑……"
말방울 소리가 나자 마을 사람들이 길가로 모였습니다. 말을 구경한 사람들은 모두 칭찬을 했습니다.
"아름다운 말이로군."
루하카는 아주 기뻤습니다. 만족하게 생각한 루하카는 집에 돌아와 아내에게 자랑했습니다.
"여보, 내가 말을 타고 가는데 길 양편에서 모두들 멋지다고 야단이야. 참 훌륭한 말이지?"
이 말이 아내에게는 불쾌했습니다. 샘을 잘 내는 아내는 말을 꾸미는 것도 말을 칭찬하는 것도 기분 좋은 일이 아니었습니다. 그래서 그녀는 비꼬아서 남편에게 말했습니다.
"여보시오. 남들이 그 말을 칭찬하는 줄 아셔요? 마구들이 예쁘고 방울 소리가 좋으니까 길가로 모이는 거여요. 마음이 내키거든 당신이 그 마구들을 걸치고 네 발로 기어가서 대왕님을 만나 보셔요. 보는 사람들이 모두 놀라워할 거예요."

사제관 루하카는 '아내의 말이 그럴듯하다' 하고 생각했습니다.

이튿날 그는 안장을 자기 등에 얹고, 가슴걸이를 걸친 다음 말방울을 귀에 달고 왕궁까지 기어갔습니다.

"딸랑 딸랑 딸랑……"

사람들이 길가에 모여들었습니다. 좋은 구경감이라 생각한 사람들은 모두 소리를 지르며 손벽을 쳤습니다.

'역시 아내 말이 옳다. 저 사람들이 이 마구 장식을 보고 환성을 지르네.'

못난이 사제관은 큰길을 기어가면서 아주 만족해했습니다.

대궐에 이르렀습니다. 부하 되는 낮은 관리들이 사제관을 보고 깜짝 놀랐습니다. 그러나 칭찬하는 도리밖에 없었습니다.

"사제관님, 참 훌륭해 보입니다."

부하들에게까지 칭찬을 받자 기분이 더욱 우쭐해진 사제관은 왕을 뵈었습니다.

왕은 이맛살을 찌프리며 말했습니다.

"사제관에게 말 한 필을 주었더니, 어찌된 일이오? 그만 정신이 돌아 버렸구려."

(본생경 191번째 이야기)

memo

memo

누구나 다 알지만 잘 안읽은 이야기
팔만대장경 ❶

All rights reserved.
All the contents in this book are protected by copyright law.
Unlawful use and copy of these are strictly prohibited.
Any of questions regarding above matter, need to contact nanoky@naver.com

이 책에 수록된 모든 콘텐츠는 저작권법에 의해 보호받는 저작물이므로 무단전재와 무단복제를 금합니다.
nanoky@naver.com으로 문의하기 바랍니다.

펴낸 곳 | 도서출판 솔바람
펴낸이 | 이동출
기획한이 | 형난옥
엮은이 | 신현득
그림그린이 | 송교성
편집 | 김용란
디자인 | 김용아
초판 1쇄 발행 | 2018년 9월 25일
초판 2쇄 발행 | 2020년 8월 8일
등록일 | 제5-191호 1989.07.04
주소 | 서울시 종로구 삼봉로 81 두산위브 파빌리온 1231호
전화 | 02- 720- 0824   팩스 | 02- 391- 1598

ISBN 978-89-85760-94-2   74220
ISBN 978-89-85760-90-4   74220 **(세트)**